中国城市轨道交通协会职业技能标准

城市轨道交通自动售检票检修工

中国城市轨道交通协会　发布

图书在版编目(CIP)数据

城市轨道交通自动售检票检修工/中国城市轨道交通协会编制．—北京：中国铁道出版社，2018.1
(中国城市轨道交通协会职业技能标准)
ISBN 978-7-113-23712-7

Ⅰ.①城… Ⅱ.①中… Ⅲ.①城市铁路-旅客运输-售票-铁路自动化系统-职业培训-教材 Ⅳ.①U239.5

中国版本图书馆 CIP 数据核字(2017)第 206720 号

书　　名：中国城市轨道交通协会职业技能标准
城市轨道交通自动售检票检修工
作　　者：中国城市轨道交通协会

责任编辑：徐　艳　　**协会电话**：010-51289099-823
封面设计：王镜夷
责任校对：孙　玫
责任印制：高春晓

出版发行：中国铁道出版社(100054，北京市西城区右安门西街 8 号)
网　　址：http://www.tdpress.com
印　　刷：北京铭成印刷有限公司
版　　次：2018 年 1 月第 1 版　2018 年 1 月第 1 次印刷
开　　本：850 mm×1 168 mm　1/32　**印张**：1.125　**字数**：18 千
书　　号：ISBN 978-7-113-23712-7
定　　价：10.00 元

关于颁发《城市轨道交通信号工》等第一批8个工种职业技能标准的通知

各有关单位：

为满足城轨交通企业生产经营、人力资源管理，满足城轨交通职业教育培训和职业技能鉴定需要，协会根据国家发改委、教育部、人社部《关于加强城市轨道交通人才建设的指导意见》(发改基础〔2017〕74号)精神，依据《中华人民共和国职业分类大典(2015年版)》、《国家职业技能标准编制规程》的有关规定，结合我国城轨交通实际，组织编制了《城市轨道交通信号工》等第一批8个工种的职业技能标准，业已审定，现颁发试行。试行过程中，将根据实际需要及时进行修订。

《城市轨道交通信号工》等第一批8个工种职业技能标准目录见附件。

中国城市轨道交通协会

二〇一七年十月二十日

附件：

工种目录

1. 城市轨道交通信号工
2. 城市轨道交通线路工
3. 城市轨道交通接触网(轨)检修工
4. 城市轨道交通变电检修工
5. 城市轨道交通列车司机
6. 城市轨道交通列车检修工
7. 城市轨道交通服务员
8. 城市轨道交通自动售检票检修工

《中国城市轨道交通协会职业技能标准》编写委员会

主　　任： 包叙定

副 主 任： 周晓勤　宋敏华　安小芬　谢正光　俞光耀　丁建隆　王　峙　林茂德　余黎康

委　　员： 杜晓红　王春玲　丁小学　汪　杨　曾　良　姚汝龙

编写单位： 上海申通地铁集团有限公司
北京市地铁运营有限公司
广州地铁集团有限公司
重庆市轨道交通(集团)有限公司
深圳市地铁集团有限公司
中国城市轨道交通协会现代有轨电车分会

《中国城市轨道交通协会职业技能标准》编制说明

为适应我国城轨交通快速发展形势下企业生产经营、人力资源管理的迫切需求，满足城轨交通职业教育培训和职业技能鉴定等需要，中国城市轨道交通协会在国家发展改革委、交通运输部、住建部、人力资源和社会保障部等政府部门的支持和指导下，组织编制了行业急需的《城市轨道交通信号工》等8个工种的职业技能标准为第一批发布。

一、指导思想

依据《中华人民共和国职业分类大典》，在已有国家和行业标准的基础上，从满足急需、填补空白、细化需求出发，按照《国家职业技能标准编制规程》的要求，补充完善行业职业技能标准体系，指导企业建立健全有关规制，为制定年度行业人才培养指南、开展技能水平评价等工作提供支撑。

二、编制原则

1. 科学适用原则。标准体现了城轨交通从业人员的理论知识和操作技能的要求，科学合理，既考虑行业现状，又兼顾技术发展。

2. 可操作性原则。标准着眼于城轨交通行业未来发展，考虑国家、行业、企业的实际情况，既覆盖地铁、轻轨等传统制式，又包含了快速发展的跨座式单轨和有轨电车；既突出该职业当前主流技术、技能的要求，又兼顾不同城市和企业间可能存在的差异，从城轨交通网络化模式下的工种通用性出发，采取大工种的概念，将各家参编单位行之有效的共性标准吸收进来，并关注新运营企业的实际需求，适度超前指导，内容具体，可度量、可检验，便于实施，易于理解。

3. 标准化原则。各项标准文体与术语符合国家最新技术标准，内容结构、表述方法符合《国家职业技能标准编制规程》的要求。

三、编制过程

标准研究与编写工作历时两年，经过启动阶段、初稿阶段、征求意见稿阶段、送审稿阶段以及终审、复核等环节。征求意见阶段，多方听取意见建议，几上几下反复修改完善，得到了主要牵头单位和参与单位的大力支持，直接和间接参与研究编写的专家团队超过百余人。

四、结构与主要内容

标准包括：职业概况、基本要求、工作要求和比重表四部分。

1. 职业概况：职业名称、职业定义、职业等级、职业环境条件、职业能力特征、基本文化程度、培训要求、技能鉴定要求等项内容。

2. 基本要求：职业道德和基础知识两部分内容。

3. 工作要求：职业功能、工作内容、技能要求、相关知识要求四项内容。

4. 比重表：理论知识和操作技能两部分内容。

五、本标准有关说明

1.《城市轨道交通自动售检票检修工》在编制中难免有疏漏之处，望各有关单位随时将执行中的有关问题与协会相关部门沟通。

2.《城市轨道交通自动售检票检修工》由中国城市轨道交通协会负责解释，并自 2017 年 10 月 20 日起执行。

3.《城市轨道交通自动售检票检修工》主要编写人员：刘鹏飞、刘勇、汤健、李琦、刘贻展、张黝黝、杨国航。

目　录

城市轨道交通自动售检票检修工职业技能标准

1 职业概况

1.1 职业名称

城市轨道交通自动售检票检修工(以下简称 AFC 检修工)。

1.2 职业定义

从事城市轨道交通 AFC 设备安装、维护、检修、调试、验收工作的人员。

1.3 职业等级

本职业共设五个等级,分别为:初级(五级)、中级(四级)、高级(三级)、技师(二级)、高级技师(一级)。

1.4 职业环境

室内、外,常温。

1.5 职业能力特征

有获取、领会和理解外界信息的能力,有语言表达及对事物的分析和判断能力;心理及身体素质较好;无职业禁忌症;无色盲、色弱,视力正常;听觉及嗅觉正常;动作协调。

1.6 基本文化程度

高中毕业(或同等学历)。

1.7 培训要求

1.7.1 培训期限

全日制职业学校教育,根据其培养目标和教学计划确定。晋级培训期限:初级不少于 200 标准学时;中级不少于 300 标准学时;高级不少于 400 标准学时。

1.7.2 培训教师

培训初、中级的教师应具有本职业高级及以上职业资格证书或相关专业初级及以上专业技术职务任职资格;培训高级、技师的教师应具有本职业技师及以上职业资格证书或相关专业中级及以上专业技术职务任职资格。培训高级技师的教师应具有本职业高级技师职业资格证书或相关专业中级及以上专业技术职务任职资格。

1.7.3 培训场地设备

满足教学需要的标准教室、技能培训基地、演练场或作业现场,有技能培训必要的设备、工具、备品等。理论培训场地应配备投影仪、播放设备。实际操作培训场、演练场或作业现场所应能满足培训要求的场地,且具有相应的设备、工具、备品,通风条件良好,光线充足,安全设施完善。

1.8 鉴定要求

1.8.1 适用对象

从事或准备从事本职业的人员。

1.8.2 申报条件

——初级(五级)

取得中等职业教育毕业证书。

——中级(四级)

在本企业从事本职业工作,并具备以下条件之一者:

(1)取得本职业初级(五级)职业资格证书1年及以上;

(2)取得高等职业教育毕业证书;

(3)具有高中及以上文化程度,且连续从事本职业工作2年及以上;

(4)取得相关职业(工种)中级(四级)职业资格证书,且连续从事本职业工作1年及以上。

——高级(三级)

在本企业从事本职业工作,并具备以下条件之一者:

(1)取得本职业中级(四级)职业资格证书2年及以上;

(2)取得高等职业教育毕业证书;

(3)取得高等职业教育毕业证书,且连续从事本职业工作3年及以上;

(4)取得相关职业(工种)高级(三级)职业资格证书2

年及以上，且连续从事本职业工作 3 年及以上。

——技师(二级)

(1)具有中等职业教育或高中以上学历，在本企业从事本职业工作，且取得本职业高级(三级)职业资格证书 3 年及以上。

(2)具有中等职业教育或高中以上学历，长期从事本职业工作，技术领先，具有突出的工作业绩，符合试点企业的破格申报条件，经本人申请、单位推荐，公示通过后，可破格申报技师(二级)。

——高级技师(一级)

(1)具有中等职业教育或高中及以上学历，在本企业从事本职业工作，且取得本职业技师(二级)职业资格证书 4 年及以上。

(2)具有中等职业教育或高中及以上学历，长期从事本职业工作，技术领先，具有突出的工作业绩，符合试点企业的破格申报条件，经本人申请、单位推荐，公示通过后，可破格申报高级技师(一级)。

1.8.3 鉴定方式

初、中、高级分为理论知识考试和技能操作考核。理论知识考试采用闭卷笔试方式，技能操作考核采用现场实际操作或者模拟操作方式。理论知识考试和技能操作考核均实行百分制，成绩皆达 60 分及以上者为合格。技师、高级技师采用考核与评审相结合的方式。考核分理论知识考试和技能操作考核，评审主要开展业绩评价，由考评员按照操作考核规定或相关标准评分。每个模块均实行百分制，成绩皆达 60 分及以上者为合格。

1.8.4 考评人员与考生配比

理论知识考试考评人员与考生配比为 1∶15，每个标准教室不少于 2 名考评人员。技能操作考核考评员与考生配比为 1∶5，且不少于 3 名考评员。综合评审委员人数为不少于 3 人的单数。

1.8.5 鉴定时间

理论知识考试时间不少于 60 min，技能操作考核时间不少于 60 min（等级和项目不同则时间不同）。

1.8.6 鉴定场所设备

理论知识考试在标准教室进行。技能操作考核在职业技能鉴定基地、演练场或作业现场进行。场地条件及工具、备品等应满足实际操作需要，可酌情配设辅助操作人员。

2 基本要求

2.1 职业道德

2.1.1 职业道德基本知识

2.1.2 职业守则

(1)遵守法律、法规及各项规章制度等有关规定

(2)爱岗敬业、具有高度的使命感及责任心

(3)钻研业务,开拓创新,努力提高技术文化素质

(4)工作认真负责,具有良好的团队合作精神

(5)严格执行工作程序、工作规范、工作标准和安全操作规程

(6)安全生产,精检细修

(7)爱护设备及工具、仪器、仪表

(8)保持工作环境清洁有序,文明生产

2.2 基础知识

2.2.1 基本知识

(1)计算机基础知识

(2)电工基础知识

(3)机械基础知识

(4)电子基础知识

(5)机械制图基础知识

(6)供电基础知识

(7)自动控制基础知识

(8)工具、仪器、仪表的使用与保养知识

2.2.2 安全、环境和劳动保护知识

(1)《中华人民共和国安全生产法》相关知识

(2)环境、职业健康安全管理体系相关知识

(3)劳动保护相关知识

2.2.3 相关法律、法规和规章知识

(1)《中华人民共和国劳动法》相关知识

(2)《中华人民共和国职业病防治法》相关知识

(3)《中华人民共和国交通法》相关知识

(4)《中华人民共和国消防法》相关知识

(5)《地铁设计规范》相关知识

(6)《国家城市轨道交通运营突发事件应急预案》相关知识

(7)《城市轨道交通试运营基本条件》相关知识

(8)《城市轨道交通运营管理规范》相关知识

(9)其他与本职业相关的法律、法规和规章知识

3 工作要求

本标准对初级(五级)、中级(四级)、高级(三级)、技师(二级)、高级技师(一级)的技能要求依次递进,高级别涵盖低级别的要求。

3.1 初级(五级)

职业功能	工作内容	技能要求	相关知识
1 日常巡检	1.1 巡查车站设备工作状态	1.1.1 能检查、判断车站级设备组件的安装和使用状态 1.1.2 能判断自动售票机可以正常售票、找零 1.1.3 能判断自动检票机可以正常验票、扣费、放行 1.1.4 能判断自动验票机可以正常验票 1.1.5 能判断票房售票机可以正常处理车票 1.1.6 能判断多元化支付设备的工作状态 1.1.7 能正确填写巡查记录	1.1.1 设备基本原理及架构 1.1.2 设备基础操作规范

续上表

职业功能	工作内容	技能要求	相关知识
2 故障判断与处理	2.1 基本故障处理	2.1.1 能正确开关机、重启车站级设备 2.1.2 能排除车站级设备供电模块简单故障 2.1.3 能排除多元化支付设备的简单故障 2.1.4 能正确填写故障维修记录 2.1.5 能识读设备接线图和模块控制原理图	2.1.1 车站级设备检修规程 2.1.2 车站级设备操作流程 2.1.3 设备接线图的识读知识
	2.2 自动检票机故障判断与处理	2.2.1 能排除车票处理模块简单故障 2.2.2 能排除乘客通行控制模块简单故障	2.2.1 自动检票机车票处理模块工作原理 2.2.2 乘客通行组件构造及工作原理
	2.3 自动售票机故障判断与处理	2.3.1 能排除纸币模块简单故障 2.3.2 能排除车票处理模块简单故障 2.3.3 能排除硬币模块简单故障	2.3.1 自动售票机纸币模块构造及工作原理 2.3.2 自动售票机车票处理模块构造及工作原理 2.3.3 自动售票机硬币模块构造及工作原理

续上表

职业功能	工作内容	技能要求	相关知识
2 故障判断与处理	2.4 票房售票机故障判断与处理	2.4.1 能排除车票处理模块简单故障 2.4.2 能排除外设组件故障	2.4.1 票房售票机车票处理模块构造及工作原理 2.4.2 外设组件构造及工作原理
	2.5 自动验票机故障判断与处理	2.5.1 能排除车票处理模块简单故障	2.5.1 自动验票机车票处理模块工作原理
3 设备保养与维护	3.1 自动检票机的保养与维护	3.1.1 能测试设备模块功能，判断供电、通信等模块运行状态 3.1.2 能维护供电模块相关组件，能测量电压、电流、电阻等相关数据 3.1.3 能维护车票处理模块、通行控制模块等组件	3.1.1 自动检票机的检修工艺
	3.2 自动售票机的保养与维护	3.2.1 能测试设备模块功能，判断供电、通信等模块运行状态 3.2.2 能维护供电模块相关组件，能测量电压、电流、电阻等相关数据	3.2.1 自动售票机的检修工艺

续上表

职业功能	工作内容	技能要求	相关知识
3 设备保养与维护	3.2 自动售票机的保养与维护	3.2.3 能维护车票发售和存储组件 3.2.4 能维护硬币模块的接收、找零、存储组件 3.2.5 能维护纸币模块的接收、找零、存储组件	
	3.3 自动验票机的保养与维护	3.3.1 能测试设备模块功能,判断供电、通信等模块运行状态 3.3.2 能维护供电模块相关组件,能测量电压、电流、电阻等相关数据 3.3.3 能维护车票检验模块	3.3.1 自动验票机的检修工艺
4 设备安装与调试	4.1 车站级设备安装调试	4.1.1 能正确连接电源、通信线缆 4.1.2 能紧固设备	4.1.1 设备安装基础知识 4.1.2 安全操作注意事项

3.2 中级(四级)

职业功能	工作内容	技能要求	相关知识
1 日常巡检	1.1 巡查车站设备工作状态	1.1.1 能检查车站级设备的异响、异味及运行异常情况 1.1.2 能正确查看车站设备运行参数 1.1.3 能查看车站级设备监控软件,判断设备运行状态 1.1.4 能查看设备交易记录和客流数据	1.1.1 车站级设备运行环境和工作状态 1.1.2 票房售票机的工作原理 1.1.3 设备参数的构成及运行原理 1.1.4 监控软件的工作原理 1.1.5 交易记录和客流数据报表的查看方法
	1.2 检查设备供电和通信情况	1.2.1 能检查车站级设备的供电状态 1.2.2 能检查车站级设备与车站计算机的通信状态 1.2.3 能检查车站级设备与车站计算机的时钟同步状态	1.2.1 车站设备供电线路及供电机制 1.2.2 车站设备的通信机制 1.2.3 时钟同步机制
	1.3 检查设备软件和数据的运行情况	1.3.1 能检查车站级设备数据能否正常上传 1.3.2 能检查车站级设备的软件版本 1.3.3 能检查车站级设备的运行参数是否正常	1.3.1 设备数据传输机制 1.3.2 设备软件运行机制 1.3.3 设备参数运行机制

续上表

职业功能	工作内容	技能要求	相关知识
2 故障判断与处理	2.1 基本故障处理	2.1.1 能排除车站级设备失电、短路等供电故障 2.1.2 能排除车站级设备的 UPS 故障	2.1.1 车站级设备突发供电故障的检修要点 2.1.2 故障处理流程
	2.2 自动检票机故障判断与处理	2.2.1 能排除乘客通行控制模块故障 2.2.2 能排除车票处理模块故障	2.2.1 自动检票机通行控制逻辑
	2.3 自动售票机故障判断与处理	2.3.1 能排除乘客信息显示模块故障 2.3.2 能排除车票处理模块故障 2.3.3 能排除硬币模块故障 2.3.4 能排除纸币模块故障	2.3.1 自动售票机售票流程 2.3.2 自动售票机乘客信息显示模块工作原理
	2.4 票房售票机故障判断与处理	2.4.1 能排除读卡器异常等车票处理模块故障	2.4.1 票房售票机读卡器工作原理 2.4.2 读卡器维修方法
	2.5 自动验票机故障判断与处理	2.5.1 能排除读卡器异常等车票处理模块故障	2.5.1 自动验票机读卡器工作原理 2.5.1 读卡器维修方法

续上表

职业功能	工作内容	技能要求	相关知识
2 故障判断与处理	2.6 车站计算机故障判断与处理	2.6.1 能排除车站计算机外设组件故障	2.6.1 服务器外设组件工作原理及检修方法 2.6.2 计算机通信机制
3 设备保养与维护	3.1 自动检票机的保养与维护	3.1.1 能检查和维护操作软件、应用软件 3.1.2 能维护主控制器	3.1.1 自动检票机软件工作原理 3.1.2 电路板卡维护要点
	3.2 自动售票机的保养与维护	3.2.1 能检查和维护操作软件、应用软件 3.2.2 能维护主控制器	3.2.1 自动检票机软件工作原理
	3.3 票房售票机的保养与维护	3.3.1 能检查设备功能，判断供电、通信等设备运行状态 3.3.2 能维护供电组件，能测量电压、电流、电阻等数据 3.3.3 能检查和维护系统软件、应用软件 3.3.4 能检查和维护主控制器 3.3.5 能维护车票读卡器及车票处理组件	3.3.1 票房售票机的检修工艺

续上表

职业功能	工作内容	技能要求	相关知识
3 设备保养与维护	3.4 自动验票机的保养与维护	3.4.1 能检查和维护操作软件、应用软件 3.4.2 能检查、维护控制器	3.4.1 自动验票机软件工作原理 3.4.2 自动验票机控制器工作原理
4 设备安装与调试	4.1 车站级设备安装与调试	4.1.1 能安装操作软件、应用软件 4.1.2 能正确连接模块线缆	4.1.1 设备软件安装流程 4.1.2 设备接线图识读

3.3 高级(三级)

职业功能	工作内容	技能要求	相关知识
1 日常巡检	1.1 巡查设备	1.1.1 能检查车站计算机系统运行信息 1.1.2 能判断车站计算机故障报警信息	1.1.1 车站计算机运行基础知识 1.1.2 计算机故障报警信息
	1.2 检查设备供电和通信情况	1.2.1 能检查车站计算机的供电和通信状态	1.2.1 车站计算机供电和通信原理
	1.3 检查设备软件和数据运行情况	1.3.1 能检查车站计算机的参数状态	1.3.1 车站计算机通信原理 1.3.2 参数生效机制

续上表

职业功能	工作内容	技能要求	相关知识
2 故障判断与处理	2.1 基本故障处理	2.1.1 能排除车站级设备主控制器故障 2.1.2 能修复车站级设备操作软件、应用软件故障 2.1.3 能排除车站级设备通信错误故障 2.1.4 能排除交易数据不能正常上传故障 2.1.5 能排除多元化支付设备常见故障	2.1.1 车站级设备主控制器工作原理及维修方法 2.1.2 车站级设备软件故障检修方法 2.1.3 车站级设备通信故障检修方法
	2.2 自动检票机故障判断与处理	2.2.1 能分析和排除车票扣费异常故障	2.2.1 自动检票机收益数据运行机制
	2.3 自动售票机故障判断与处理	2.3.1 能分析和排除交易数据错误故障 2.3.2 能分析和排除结账数据错误故障	2.3.1 自动售票机收益数据运行机制
	2.4 票房售票机故障判断与处理	2.4.1 能分析和排除结账数据错误故障	2.4.2 自动售票机收益数据运行机制
	2.5 编码/分拣机故障判断与处理	2.5.1 能分析编码/分拣机故障原因 2.5.2 能处置编码/分拣机常见故障	2.5.1 编码/分拣机工作原理 2.5.2 编码/分拣机操作规程 2.5.3 编码/分拣机维修规程

续上表

职业功能	工作内容	技能要求	相关知识
2 故障判断与处理	2.6 车站计算机故障判断与处理	2.6.1 能排除 UPS 故障 2.6.2 能排除硬件常见故障	2.6.1 UPS 维修规范
	2.7 系统级故障判断与处理	2.7.1 能分析和排除同类原因引发的设备大面积故障 2.7.2 能处理应急模式下的设备联动功能故障	2.7.1 系统级故障应急检修规范 2.7.2 地铁车站运营服务要求 2.7.3 应急技能及相关的安全知识
3 设备保养与维护	3.1 车站计算机的保养与维护	3.1.1 能检查设备基本功能，判断供电、通信等运行状态 3.1.2 能测量电压、电流、电阻等相关数据 3.1.3 能检查操作软件、应用软件的运行状态 3.1.4 能对车站计算机进行维护	3.1.1 车站计算机供电、通信原理 3.1.2 车站计算机应用软件工作原理 3.1.3 车站计算机检修规程
	3.2 编码/分拣机保养与维护	3.2.1 能检查编码/分拣机的基本功能，判断供电、通信等运行状态 3.2.2 能测量编码/分拣机的电压、电流、电阻等相关数据	3.2.1 编码/分拣机供电、通信原理 3.2.2 编码/分拣机应用软件工作原理

续上表

职业功能	工作内容	技能要求	相关知识
3 设备保养与维护	3.2 编码/分拣机保养与维护	3.2.3 能检查编码/分拣机的操作软件、应用软件的运行状态 3.2.4 能对编码/分拣机进行维护	3.2.3 编码/分拣机维护规程
4 设备安装与调试	4.1 车站级设备安装与调试	4.1.1 能安装单机设备并接线 4.1.2 能调试单机设备功能	4.1.1 设备安装验收标准 4.1.2 设备调试验收标准

3.4 技师(二级)

职业功能	工作内容	技能要求	相关知识
1 日常巡检	1.1 巡查线路中央计算机工作状态	1.1.1 能检查线路中央级设备的安装和运行状态 1.1.2 能查看各类运营报表	1.1.1 中央计算机的安装和使用要求 1.1.2 AFC 设备报表基础知识
	1.2 检查设备供电和通信情况	1.2.1 能检查线路中央级设备的供电状态 1.2.2 能检查线路中央服务器的通信状态 1.2.3 能检查线路中央服务器的时钟同步状态	1.2.1 中央级设备的供电要求 1.2.2 通信程序运行检查规范 1.2.3 时钟同步软件运行状态判断标准

续上表

职业功能	工作内容	技能要求	相关知识
1 日常巡检	1.3 检查设备软件和数据的运行情况	1.3.1 能检查交易数据的完整性	1.3.1 数据库基础知识
2 故障判断与处理	2.1 线路中央计算机故障判断与处理	2.1.1 能正确开关机、重启应用软件 2.1.2 能排除设备失电、短路等供电故障 2.1.3 能排除线路中央系统设备外设组件故障 2.1.4 能排除服务器硬件常见故障	2.1.1 服务器操作基础知识 2.1.2 外设组件构成及简单处理要求 2.1.3 监控软件运行原理
	2.2 系统级故障判断与处理	2.2.1 能处理一个或多个车站系统级综合故障 2.2.2 能排查收益漏洞	2.2.1 应用软件和存储介质的运行机制 2.2.2 收益数据分析方法 2.2.3 系统级故障的分析和检修方法 2.2.4 车站级设备使用原理和维修要点
3 设备保养与维护	3.1 车站计算机的保养与维护	3.1.1 能检查车站计算机的系统运行日志 3.1.2 能对数据库进行检查	3.1.1 服务器日志生成机制

续上表

职业功能	工作内容	技能要求	相关知识
3 设备保养与维护	3.2 线路中央服务器的保养与维护	3.2.1 能检查设备功能,查看供电、通信等设备运行状态 3.2.2 能维护中央服务器供电组件,能测量电压、电流、电阻等数据	3.2.1 设备组件安装标准和使用要求 3.2.2 服务器功能和运行状态判断标准
4 设备安装与调试	4.1 新线设备安装调试	4.1.1 能指导安装、调试车站级单机设备 4.1.2 能开展车站级设备系统调试工作 4.1.3 能绘制设备接线图及原理图	4.1.1 线缆敷设、线槽安装知识 4.1.2 设备联调测试方法及要求
5 培训与技术管理	5.1 技术管理	5.1.1 能编制检修作业计划 5.1.2 能编写设备技术分析报告 5.1.3 能提出检修工艺改进建议 5.1.4 能开展技术攻关项目	5.1.1 AFC 设备检修技术要求 5.1.2 AFC 设备运行、操作、检修知识 5.1.3 技术分析报告的撰写规范
	5.2 培训与传承	5.2.1 能对技师及以下自动售检票检修工开展工艺指导和示范 5.2.2 能编写工艺培训教材 5.2.3 能指导新技术、新工艺、新材料的应用	5.2.1 培训的基本方法 5.2.2 培训教材的编写 5.2.3 新知识的应用

3.5 高级技师(一级)

职业功能	工作内容	技能要求	相关知识
1 故障判断与处理	1.1 中央级设备故障判断与处理	1.1.1 能排除线路中央服务器操作软件、应用软件故障	1.1.1 中央级设备的检修工艺
	1.2 系统级故障判断与处理	1.2.1 能指导处理一个站或多个站系统级综合故障 1.2.2 能制定应急抢修预案 1.2.3 能撰写故障调查报告	1.2.1 故障调查、分析知识 1.2.2 应急处理流程
2 设备保养与维护	2.1 中央服务器的保养与维护	2.1.1 能检查中央服务器运行状态 2.1.2 能查看中央级各类报表	2.1.1 中央服务器的数据处理机制
3 设备安装与调试	3.1 新线设备安装调试	3.1.1 能审核设备安装、调试方案 3.1.2 能制定或审核系统联调方案 3.1.3 能指导设备安装质量验收	3.1.1 设备安装、调试方案的编写和审核规范 3.1.2 设备安装质量验收标准

续上表

职业功能	工作内容	技能要求	相关知识
4 培训与技术管理	4.1 技术管理	4.1.1 能编制检修作业计划 4.1.2 能指导工程资料的整理 4.1.3 能编制、修订检修工艺标准 4.1.4 能组织技术攻关和工艺革新	4.1.1 AFC 设备设计基础知识 4.1.2 设备管理的内容和相关知识 4.1.3 技术和质量管理知识
	4.2 培训与传承	4.2.1 能编写工艺技术培训教材 4.2.2 能对高级技师及以下自动售检票检修工进行技能、安全培训 4.2.3 能示范、指导作业中的关键工艺	4.2.1 设备检修工艺教材编写规范 4.2.2 制作工艺教具相关知识 4.2.3 课程设计与开发相关知识

4 比 重 表

4.1 理论知识

项 目		初级（%）	中级（%）	高级（%）	技师（%）	高级技师（%）
基本要求	职业道德	5	5	5	5	5
	基础知识	10	10	5	5	5
相关知识	日常巡检	30	25	20	15	10
	故障判断与处理	20	25	35	20	15
	设备保养与维护	30	25	25	15	10
	设备安装与调试	5	10	10	15	20
	培训与技术管理	—	—	—	25	35
合 计		100	100	100	100	100

4.2 技能操作

项目		初级（%）	中级（%）	高级（%）	技师（%）	高级技师（%）
相关技能	日常巡检	35	25	15	10	—
	故障判断与处理	20	35	40	25	10
	设备保养与维护	35	25	25	15	10
	设备安装与调试	10	15	20	30	35
	培训与技术管理	—	—	—	20	45
合计		100	100	100	100	100